AF267054

LE MINISTÈRE

CONSIDÉRÉ

DANS SES ACTES,

OU

LA FRANCE

AVANT ET APRÈS LE 5 SEPTEMBRE 1816.

LE MINISTÈRE

CONSIDÉRÉ

DANS SES ACTES,

OU

LA FRANCE

AVANT ET APRÈS LE 5 SEPTEMBRE 1816.

Specto, audio et narro.

VERSAILLES,

ISIDORE JACOB, FILS AINÉ, IMPRIMEUR.

PARIS,

LELONG, LIBRAIRE, PALAIS-ROYAL,
GALERIE DES OFFICES, N.° 4.

ET TOUS LES MARCHANDS DE NOUVEAUTÉS.

1817.

LE MINISTÈRE

CONSIDÉRÉ DANS SES ACTES,

OU

LA FRANCE

AVANT ET APRÈS LE 5 SEPTEMBRE 1816.

De l'Esprit public.

La définition et l'analyse de l'esprit public importent pour l'intelligence de tout écrit politique, et je pense que, si les idées étaient mieux arrêtées sur cet objet, les discussions seraient moins vagues, moins longues et moins fréquentes.

Par esprit public, j'entends l'opinion générale accompagnée d'une certaine disposition, d'une certaine tendance des cœurs.

L'esprit public ainsi défini est le véritable souverain du monde ; il crée tous les pouvoirs, les conserve et les anéantit.

On doit, je crois, distinguer quatre espèces d'esprit public : elles ne sont guère séparées que dans leurs principes ; confondues dans leur action, elles sont du moins en apparence mêlées dans leur existence ; mais, pour être ainsi mêlées et confondues, elles ne sont point indivisibles, et c'est ce qu'il semble important de faire observer.

On aperçoit d'abord l'esprit public que l'on peut appeler humain ; c'est celui qui est commun à tous les hommes, et qui est effectivement trop général, trop banal, pour que sa discussion puisse offrir de l'intérêt. Bornons-nous à dire qu'il forme la base des autres.

L'esprit public du siècle : par-là j'entends celui qui est renfermé dans un grand espace de temps, ouvert et fermé par deux révolutions morales.

L'esprit public local ou national : ce n'est qu'une modification des deux espèces précédentes ; il est dépendant des mœurs d'un peuple, comme celles-ci le sont de son climat et de sa position topographique.

L'esprit public du jour est vague, incertain, mobile ; la plus petite cause l'anéantit ; il croît, vit et meurt en éphémère ; en un mot, c'est une vraie mode ; mille petits événemens confus, mille bruits, mille passions, mille intérêts produisent cet esprit de circonstance.

Toutefois remarquons que c'est dans cet esprit du jour que résident les élémens qui vont ensuite modifier l'esprit du siècle et celui de la nation.

Pour rendre ces distinctions plus sensibles, prenons une époque, celle de la révolution par exemple, qui s'offre malheureusement trop à la mémoire comme à la plume.

La nation voulut être représentée et prendre une part au Gouvernement : esprit du siècle. Elle figura en république, affublée d'un bonnet rouge : esprit du jour. Elle vainquit l'Europe et s'immortalisa : esprit national. Tout Français me comprendra.

Gardons-nous de prendre ces distinctions pour de vaines subtilités; nous faisons tous les jours la triste expérience du contraire, et c'est, j'ose le dire, de la confusion de nos idées sur cet objet que naissent des divisions, naguères dangereuses, aujourd'hui scandaleuses seulement.

En effet, l'esprit public humain, né avec le monde, ne mourra qu'avec lui; celui du siècle, déterminé par une masse de causes secrètes et cachées, ne recule qu'avec la même lenteur qu'il s'est avancé; lui résister est impossible, le mépriser est ridicule, et pour le corriger, il faut une force aussi grande et aussi prolongée que celle qui l'a produit.

L'esprit national est inaltérable quant au fond; car, nous l'avons déjà dit, il a des causes physiques.

L'esprit public du jour, diffère de toutes les précédentes espèces ; enfant par l'âge, comme tel il est à la fois mutin et docile; s'il est dangereux de le mépriser, il est utile quelquefois de lui résister, et jamais impossible de le corriger ou de le modifier.

Qu'arrive-t-il? On confond toutes ces espèces et l'on marche à tâtons au milieu d'une nuit obscure.

Le républicain réchauffé par les rayons de lumière qui éclairent notre siècle, mais égaré aussi par l'attrait abusif des mots de liberté, égalité, etc., n'ose plus demander, mais désire peut-être encore une

démocratie conforme, selon lui, à l'esprit du siècle
et de la nation; il se trompe. Tous les deux exigent,
je crois, un Gouvernement constitutionnel et libéral, mais rien de plus. Le républicanisme leur est
si peu propre, qu'excepté sur les cachets et les fron-
tispices des bâtimens publics, il n'a eu que la durée
d'un éclair en France, où l'on n'a fait une république exactement que parce qu'il fallait faire quelque chose, ou plutôt parce qu'il fallait ne faire rien.

Le bonapartiste, ou prétendu tel, se dit : Mon
opinion est l'esprit public, car la France aime les
résultats de la révolution et la gloire; il se trompe
également ; il confond. Certes, la nation, en dé-
testant les crimes de la révolution, est attachée
peut-être à quelques-uns de ses résultats; certes, la
nation aime la gloire ; mais cela ne l'empêche pas
de hair et de proscrire l'auteur d'une grande partie
des maux qu'elle a soufferts. Il n'a même jamais eu
tout à fait pour lui ou plutôt pour sa cause et son
système, l'esprit public du jour.

Le partisan indiscret du pouvoir arbitraire, le ridicule champion de l'aristocratie confondent dans
leur aveuglement toutes les espèces d'esprit public
égales devant leur haine comme devant leur mépris
et dont ils ont à la fois juré l'anéantissement. Ils
calomnient l'esprit du siècle et l'esprit national, et
mettent sur leur compte tous les égaremens de celui
du jour. Les insensés ! ils prennent pour un écha-
faudage élevé à la hâte et qui ne doit durer qu'un
jour, un immense édifice, ouvrage auguste du temps,

dont les fondemens sont dans les entrailles de la terre et dont le faîte touche aux cieux.

Que d'erreurs, que de fautes, que de dangers résultent de la confusion que je signale ! et combien importe-t-il, non pas de convaincre ceux qui abusent sciemment de cette confusion , cela est impossible, ou plutôt cela est inutile ; mais du moins de détromper ceux que séduisent leurs déclamations, d'effrayer les malveillans en leur persuadant que leurs projets sont désavoués par le siècle et par la nation, et de prémunir enfin les gens à vue courte contre l'idée que le siècle et la nation, au lieu d'une égalité de droits, veulent une égalité de condition, et au lieu d'une sage liberté, une sanglante démocratie.

Les distinctions qui ont été établies dans ce chapitre, mieux senties et mieux rendues, deviendraient, il me semble, de véritables maximes fondamentales d'État.

Pour réussir, il convient que l'autorité sache ce qu'elle doit respecter, ce qu'elle peut impunément mépriser ; qu'elle distingue la base sur laquelle elle doit asseoir le Gouvernement, de celle qui croule au moindre poids. C'est là peut-être en quoi consiste l'art de gouverner ; cet art que possède au suprême degré le ministère à qui nos intérêts sont actuellement confiés.

Rien de mieux entendu à la fois et de plus généreux que son plan ; il suppose, avec une noble confiance, une connaissance parfaite de l'état de la France, du siècle et des choses. Le choix heureux du plan n'est

égal que par la fermeté invariable de son exécution ;
les ministres, et la postérité le répétera, ont tout
combiné, tout prévu, excepté leurs propres dangers.
Il est encore des hommes chez qui domine l'ambition de la gloire du bien : ce qui nous est arrivé le
démontre.

Des Partis en général.

Un parti, est un composé d'hommes qui sont placés
en opposition avec le Gouvernement existant, et qui
s'isolent de la masse générale dans leur opinion, leur
marche et leurs projets. Il serait donc également
impropre de dire le parti du Roi et le parti du peuple.
Une faction diffère d'un parti en ce que c'est toujours
l'intérêt ou l'ambition et jamais la conviction qui la
fait naître ; en ce qu'elle est moins nombreuse, qu'elle
est secrète et qu'elle agit ; tandis qu'un parti est
presque toujours connu et quelquefois passif.

Dans tous les pays libres il existe des partis ; les
factions sont les compagnes du despostime. L'existence des partis n'exclut pas la force chez un Gouvernement, et peut même indiquer sa libéralité ; celle
des factions suppose nécessairement un Gouvernement faible. Il n'y a pas, je crois, un seul parti en
Turquie ; il y en a plusieurs en Angleterre. Dans
toute l'Europe, il n'y a peut-être pas autant de factions qu'il s'en trouve dans le palais d'un seul despote
d'Asie.

Sans doute on trouvera curieux et même utile

d'examiner comment se forme et se compose un parti.

Il existe une opinion ou un sentiment presqu'isolé et inaperçu ; des circonstances viennent le tirer de son obscurité ; aussitôt l'intérêt et l'ambition s'en emparent. Toujours actifs et intrigans, ils rassemblent les élémens épars, les organisent, en font un corps, et bientôt un chef illustre est surpris de se trouver à la tête d'un parti, où une foule d'honnêtes gens ne sont pas moins étonnés de figurer.

Le fait est que le véritable parti est l'opinion ou sentiment, et que le noyau d'hommes, indifférens à la chose quant au fond et qui ne s'y rattachent que par des motifs personnels, en forme l'ame, qui fait mouvoir le tout. C'est là qu'il faut frapper pour tuer. Coupez la tête au parti, elle reviendra ; coupez-lui les membres, ils renaîtront.

Cependant les hommes dont le nom est grand et le crédit considérable, soit par le mérite, soit par la naissance, devraient être plus sur leurs gardes qu'ils ne le sont ordinairement : on les séduit par des sophismes, on les repaît d'illusions, on les trompe par des mensonges.

Supposons un homme marquant ; supposons-le vertueux : l'œil de l'intrigue, déjà en possession de l'opinion, aperçoit ce grand recommandable jusqu'alors ; à peine s'est-elle assurée que cette tête est proportionnée à la taille du parti, qu'elle l'y fixe de gré ou de force.

De gré, d'abord en réveillant l'ambition et quelques

motifs à peine sentis encore de mécontentement, en voilant la droiture des intentions du parti et en exagérant ses forces. Ces moyens ne suffisent-ils pas ? la violence alors est mise en usage. On fait de l'homme puissant un chef de parti en dépit de lui-même, en le proclamant tel; dès-lors, il est comme engagé d'honneur vis-à-vis d'une foule de gens de bonne foi, et qui, trompés à leur tour, ne se sont enrôlés qu'à condition qu'il les commanderait; d'ailleurs devenu suspect, exposé quoiqu'innocent, il est forcé de devenir coupable, et de mériter enfin une peine qui le menaçait d'avance.

Profitons de cet essai imparfait de l'analyse des partis.

Persuadons-nous d'abord qu'il n'en est point en harmonie avec le Gouvernement ni avec la Nation, que l'homme sage ne sépare qu'à la dernière extrémité, parce qu'il n'est pas possible de détruire ni d'altérer un Gouvernement existant sans nuire à la Nation.

Soyons convaincus, en outre, qu'il est plus facile qu'on ne le pense de détruire les partis, pourvu qu'on choisisse le point qui seul admet le coup mortel; pourvu qu'on sépare l'opinion des hommes qui s'y rattachent par des vues d'intérêt ou d'ambition; pourvu qu'au lieu d'éterniser cette opinion en augmentant son ressort par la résistance, on se contente de la réduire à sa première faiblesse, en détournant d'elle le cours des craintes et des espérances.

Apprenons aussi à mépriser en général les partis,

en voyant leur misérable et chétive composition. Soyons persuadés qu'un parti est un monstre plus vilain qu'il n'est dangereux; ne redoutons plus tant ces enfans de l'esprit public du jour, que renient ceux du siècle et de la nation; ces composés d'élémens souvent hétérogènes, et toujours rassemblés au hasard.

Sachons enfin nous tenir mieux sur nos gardes; ne formons qu'un corps avec le Gouvernement et la patrie. Un pas hors de la ligne droite peut nous égarer et faire de nous soit une tête, soit un simple doigt, mais toujours une vraie machine de parti.

J'ai dit que l'existence des partis n'était point incompatible avec la force chez un Gouvernement, et que même elle indiquait la libéralité de celui-ci. Cette assertion pourrait être prise pour un éloge indirect. J'ai dit aussi que les partis étaient au fond peu dangereux; on pourrait m'accuser d'aveuglement. Il convient de m'expliquer.

Sous tout Gouvernement qui n'écrase pas la pensée, sous tout Gouvernement qui n'a point fait de ses sujets autant de cadavres, l'esprit public a un certain degré d'activité, et ses écarts produisent des partis; mais des partis qui seront toujours essentiellement distincts de ceux qu'enfantent la faiblesse du Gouvernement, ainsi que la désorganisation et la démoralisation politique d'un peuple, qui n'en sont souvent que la suite. Chez les premiers, la cause de la patrie domine et le choc ne sert même qu'à la raffermir; chez les seconds, la patrie est toujours oubliée, et chaque coup est une blessure.

- Ce n'est pas que les hommes soient précisément plus vertueux à une époque qu'à une autre; mais ils sont plus patriotes sous un bon Gouvernement et sous le régime d'une bonne morale politique, parce qu'ils sont plus heureux. Bonheur et vertu, politiquement parlant, sont synonymes.

Je dirai encore que c'est, dans un cas, l'amour de la patrie, et dans l'autre l'indifférence, qui fait les partis; que, dans un cas, ce sont de ces petites discussions sur un intérêt commun où la raison finit toujours par triompher; dans l'autre, de ces querelles sanglantes que produit l'opposition d'intérêts.

Ouvrons l'histoire romaine, tirons une ligne à l'époque de la destruction de Carthage; en regardant des deux côtés de cette ligne, nous y verrons clairement les deux germes de partis également distincts dans leur origine, leur action et leur but.

Les partis deviennent dangereux lorsqu'ils dégénèrent en factions ou qu'ils participent à la nature de celles-ci. Le mal est terrible s'ils s'étendent et se généralisent trop, et voici comment cela arrive.

Il est une masse d'hommes trop calomniée, que l'on nomme les neutres, les tièdes, les indifférens, et que j'appelle, moi, la nation, le peuple.

Cette masse n'est animée que de l'esprit public national et du siècle, dont elle conserve pur le précieux dépôt; étrangère à toute ambition, à tout intérêt autre qu'à celui du bien public, elle ne demande qu'à être heureuse.

Ce n'est jamais elle qui fait les révolutions, mais c'est toujours elle qui les permet. Quelquefois elle se contente de rester inactive; plus souvent, comme un poids mort, elle se jette d'un côté, et fait pencher la balance.

Si le Gouvernement a le bonheur de démêler cette nation, à travers les nuages politiques qui toujours la couvrent, s'il la maintient entière et s'il se jette de bonne foi dans ses bras, l'État est sauvé; je dirai plus, il est impossible qu'il ne le soit pas.

Dans le cas opposé, qu'arrive-t-il? Le Gouvernement varie dans sa marche; il se balance entre les différens partis pour acquérir un faux équilibre, ou il s'attache à un seul. Dès-lors, la nation disparaît; l'esprit public du jour absorbe tous les autres; plus de centre, plus de point d'appui ni de ralliement; tout est confusion; la neutralité devient dangereuse, impossible même; les indifférens cessent de l'être; il faut s'enrôler et l'on n'a que le choix de la bannière. C'est alors que le citoyen perd sa patrie, la politique, son objet, un Gouvernement, sa force, et une nation, son existence morale. C'est alors que l'on compte bientôt autant de peuples qu'il y a de partis, et presqu'autant d'opinions qu'il y a d'hommes.

Que l'on n'accuse pas la nation! Sa dissolution, celle de son esprit, sont forcées; elle paraît se faire républicaine, jacobine, montagnarde, girondiste, anarchiste et même aristocrate; tout comme un

Espagnol se faisait anciennement familier de l'inquisition pour d'excellentes raisons, c'est-à-dire, pour avoir sa part des profits et des privilèges parmi lesquels on comptait celui de ne pas être brûlé.

J'en suis fâché pour ceux qui n'aiment pas les ministres, mais mon sujet même fait encore ici leur éloge. Ce sont eux qui, les premiers, ont démêlé la nation; ce sont eux qui, tous les jours, nous instituent un esprit public et nous rendent une patrie. Avec le coup d'œil qui paraît leur être propre, ils ont aperçu cette nation, ou plutôt ses élémens épars et divisés en partis; ils ont reconnu la différence de l'esprit national, de celui du siècle à celui du jour. Avec le sang-froid et l'aplomb qui distinguent leur administration, ils ont réglé leur marche sur celle de cette nation ralliée; et soutenus de sa force immense, ils opéreront des prodiges.

Je dis vrai et n'exagère point; nous nous égarions jusqu'au 5 septembre dernier; ou plutôt, le système qui fait notre salut, préparé sagement d'avance, ne s'est fait sentir proprement qu'alors.

Je maintiens que ce fut là l'époque d'une révolution morale, à l'occasion de laquelle la France devint une nation; le trône, un édifice immortel; la malveillance, une absurdité; et ce qu'on appelle l'opposition, une plaisanterie.

Je m'offrirais de prononcer, si l'opinion et l'esprit publics pouvaient admettre une censure, que depuis que la volonté du Gouvernement s'est manifestée, tous les partis ont perdu, et que la nation s'est presque décuplée ; de manière que là où le Roi n'avait que mille sujets, il en compte aujourd'hui dix mille.

De la France jusqu'en 1814.

La révolution (et que le terme seul n'épouvante pas) qui, dans sa première origine peut-être, ne devait être qu'une réforme et un bienfait, devint un bouleversement et un long crime, parce que de tous côtés la nation fut méconnue et oubliée.

Si cette révolution n'avait été que ce que voulait le véritable peuple, ainsi que le meilleur et le plus éclairé des rois, nous n'aurions point aujourd'hui les cruels souvenirs qui viennent se mêler à nos jouissances.

Les ministres, depuis Richelieu qui abattit les restes de l'aristocratie, ne surent jamais apprécier au juste la position du Gouvernement ni celle de la France. Ceux qui précédèrent plus immédiatement la révolution, perdirent tout peut-être en luttant tantôt ouvertement, tantôt secrètement, contre l'établissement d'un système constitutionnel, vers lequel la France tendait depuis des siècles. Ils repoussèrent trop long-temps une liberté sage et modeste, présentée de la main du temps. L'ambition et l'intrigue se l'approprièrent aussitôt, et la *sans-culotisèrent*. Les uns la prirent pour la véritable liberté ; à d'autres elle fit peur : tout fut perdu.

Peut-être cette opinion, sur un événement qui ensanglanta et déshonora presque la France, ne sera-t-elle pas goûtée du préjugé; mais il est urgent que celui-ci disparaisse enfin. Sachons que c'est au choc de préjugés et d'erreurs contraires que nous devons tous nos maux. La vérité et toujours la vérité. Des lumières et toujours des lumières. Un essai sérieux nous prouvera qu'elles seules produisent l'ordre et la tranquillité : il n'y a que le demi-jour qui égare.

Je suis persuadé que l'opinion qui vient d'être énoncée est et sera toujours l'appui inébranlable du trône, tel qu'il est constitué, et qu'elle n'est propre qu'à resserrer de plus en plus les liens qui attachent les Français à l'Auguste Maison qui s'est identifiée avec leurs destinées.

J'écarte l'examen des causes accessoires, presque frivoles, et des détails dégoûtans de la révolution, d'une catastrophe à qui bien des gens sont embarrassés de donner un nom, et qu'il suffit peut-être d'appeler une leçon.

Je me refuse à attacher trop d'importance aux événemens de la révolution, ou plutôt aux suites de ces événemens; je me borne à exécrer la majeure partie des premiers, et je crois qu'un bon Français ne doit pas aller plus loin. La distinction exagérée et odieuse des intérêts révolutionnaires et anti-révolutionnaires est malheureusement trop à la mode et je ne connais rien de plus propre qu'elle à perpétuer les divisions en France. Certes, la distinction dont il vient d'être parlé existe en partie; mais elle n'est ni aussi marquée, ni aussi importante qu'on le croit. Le fait est que la révolution

s'opérait depuis des siècles. (1) Son action longue,
inévitable et insensible, en paraîtra plus douce, quel-
qu'affreuses qu'aient été ses dernières circonstances.
N'élevons pas une barrière presque éternelle entre
deux moitiés de Français; croyons, pour notre repos,
que la révolution ne fut qu'un effet, et que si à
son tour elle est devenue une cause, celle-ci n'est
qu'accessoire et subordonnée aux grandes causes qui
l'ont produite elle-même.

Si tous les Français avaient mon opinion, la révolution, après avoir pris diverses formes hideuses,
ne serait pas encore aujourd'hui un vaste et sale
réservoir où chacun va puiser des exemples, des
erreurs, des calomnies, des prétextes, des haines
et des vengeances.

Il est difficile de raisonner sur le gouvernement
de Bonaparte, qui n'a rien fait comme un autre, et
qui avait la manie de créer jusqu'à des principes
et souvent le bonheur de les justifier par le succès.
Remarquons cependant que cet homme singulier a
très-bien distingué les différens genres d'esprit public,
tout en ne leur rendant qu'un faux culte, tel que
celui qu'un hypocrite rend à la vertu. Il ne négli-
geait pas l'esprit public du jour, mais il le mépri-
sait au point de l'acheter; tout en l'étouffant, il
flattait l'esprit du siècle par des mots et par un vain
appareil. L'objet principal de ses soins était l'esprit
national; il vit tout le parti qu'il en pouvait tirer,

____

(1) Voyez la Note à la fin de cette brochure.

et avait trouvé le moyen de dominer par lui tous les autres. L'amour de la gloire lui asservissait la nation et par celle-ci presque toute l'Europe. C'était là, je le crois, tout le secret de Bonaparte, secret infiniment dangereux en France ; car je ne pense pas qu'il existe un pays où le despotisme militaire puisse s'établir avec plus de facilité.

Il faut l'avouer, le gouvernement de Bonaparte, après qu'il fut assis, ne vit plus les partis que la révolution avait créés ou plutôt développés ; mais ils ne furent que comprimés et non éteints ; et dès que le poids qui agissait sur eux fut écarté, ils éclatèrent avec une force d'explosion effrayante.

L'année 1814 fut la première époque de cette explosion.

Cette année mémorable nous offre un spectacle singulier, même pour un siècle dont presque chaque événement est un prodige.

On vit l'Europe, transformée en nation, se jeter sur la France épuisée, l'écraser sans la vaincre, et celle-ci balancer quelque temps le succès d'une guerre de géans. On vit une union presqu'impossible arriver à son résultat et une conquête incroyable s'effectuer. On vit des princes généreux se jeter entre des sujets qui les avaient oubliés, et des millions de bras levés sur leurs têtes. On vit la légitimité et la sagesse reconnues pour médiatrices entre l'Europe et la France, un Bourbon les réconcilier, et l'étranger aller au loin chanter une victoire dont il doutait encore. On vit enfin un Roi philosophe fixer, par un acte imposant, le bonheur de ses sujets et donner à l'univers un grand exemple.

De la France jusqu'au 20 *mars* 1815.

Mais les prodiges qui signalèrent le commencement de 1814, furent impuissans pour la tranquillité de la France.

Et c'est ici qu'il faut ne pas nier complétement la funeste influence de la révolution, qui, aidée peut-être des causes premières qui l'avaient produite, vint se placer entre le Roi et la nation, le bonheur et le peuple.

L'esprit public presqu'étouffé, reprit son ressort ; mais se trouvant sans point de ralliement assez fort, il se dissout de nouveau en partis.

Un ministère composé d'excellens élémens, mais sans système arrêté, se trouva trop faible contre l'opposition d'intérêts, contre les haines, les vengeances, les préjugés, et surtout contre la méfiance, le plus terrible des fléaux dans un Etat.

La révolution devait après sa mort éprouver encore un mouvement convulsif.

Son souvenir était encore trop récent, car le règne de Bonaparte n'avait été qu'un long sommeil. Ses partisans et ses ennemis surtout étaient encore trop échauffés ; bref, il fallut une dernière leçon, et au commencement de 1815, sous l'apparence de la tranquillité, le feu couvait en secret. Une défiance générale ouvrait tous les pores de l'Etat aux plus malignes influences. La France n'était pas prête à faire une révolution ; mais à la subir, ou plutôt à subir un simple accident aussi court que ses causes étaient faibles.

Il ne manquait qu'un homme et un instrument.

Le premier s'offrit ; il trouva le second dans l'armée. Observons ici que l'esprit national, le seul qui existait en France depu's environ dix ans, ayant reçu une atteinte mortelle par la conquête des alliés, on laissa néanmoins subsister son enfant, l'armée qu'il avait produite et qui dès-lors se trouva isolée, détachée de toute espèce de liens, et livrée à la première séduction. Cette observation me paraît plus exacte et plus généreuse que celle qui ne donnerait à des héros égarés et coupables, d'autre mobile que l'intérêt et l'ambition, et je suis persuadé qu'au mois de mars 1815, Bonaparte en aurait fait ce qu'il n'aurait pas seulement osé tenter dans les temps de sa plus grande prospérité, et lorsque l'armée était unie avec la nation par un même esprit.

Je ne prétends point excuser la conduite de la partie de l'ancienne armée qui s'est séparée de la patrie ; je me borne à rechercher ses motifs.

Il est inutile, je pense, et il serait peut-être imprudent d'examiner les causes qui produisirent plus directement l'événement du 20 mars, après avoir exposé celles qui nous paraissent l'avoir favorisé. Quelles que soient ces causes, le meilleur est de les ignorer.

Bonaparte s'assura de l'état de la France ; il crut s'être assuré de celui de l'Europe, et sauta de l'île d'Elbe aux Tuileries.

Il ne comptait que deux alliés en France, c'étaient la division et la méfiance. Il ne comptait que sur un appui en Europe, et c'était le congrès de Vienne; ses proclamations l'indiquent assez.

Bonaparte croyait que la révolution avait été un volcan dont la base embrassait toute l'Europe et dont la France n'avait été que le cratère. Il pensait que le congrès n'avait tout à fait répondu ni aux intentions des grands souverains qui l'avaient provoqué, ni au but des hommes d'état qui l'avaient imaginé, ni aux talens de ceux qui y furent employés. Il s'imaginait que de grands intérêts s'étaient choqués par le contact. Il aimait, d'un autre côté, à se persuader que cette union étroite, sans exemple, de tant de souverains, avait inspiré à la partie gangrenée des nations, des craintes vagues et sacrilèges. Son imagination passait déjà en revue, dans l'arsenal de la révolution, ces armes empoisonnées dont se servit si heureusement la discorde pour rompre les liens qui doivent unir les peuples avec leurs protecteurs naturels et leurs représentans héréditaires.

De la France depuis le 20 mars.

Bonaparte consomma l'entreprise la plus hardie que jamais homme ait, je ne dirai pas conçue, mais seulement rêvée.

En effet, quitter un exil avec son nom et ses projets seulement, se rasseoir sur un trône dont il avait été précipité avec fracas, se replacer sans leur aveu à la tête de trente millions d'hommes qui détestaient ses excès, à la tête d'une nation épuisée, et braver avec ses phalanges décimées l'univers entier conjuré contre lui, est un acte d'audace que la postérité rangera peut-être à côté de la fable des Titans.

Si Bonaparte avait confié son projet avant de l'exécuter, ceux qui dans leurs étroits calculs rétrécissent toujours les bornes du possible, l'auraient déclaré fou. Il l'était en effet, mais à sa manière, et toujours aux dépens des souverains et des peuples.

Épargnons-nous l'aspect douloureux du sang français coulant pour un fantôme, la vue pénible des résultats d'une nouvelle invasion de l'Europe; épargnons-nous aussi le spectacle dégoûtant de basses trahisons qui semblaient se croiser, ainsi que du plat et continuel triomphe de l'ambition et de l'intérêt sur le devoir et l'honneur.

Nous croyons qu'il existe une toute-puissance dont la volonté modératrice influe sur les destinées des peuples de la terre. Sans chercher à pénétrer ses desseins, examinons les suites évidentes d'un événement qu'elle permit.

Bonaparte ne revint que pour disparaître; mais s'il passa comme la foudre, comme elle il répandit une étincelle qui produisit un incendie.

Il faut le dire; ces révolutions subites, ces variations politiques continuelles, ces malheurs qui en sont la suite, démoralisent un peuple; avilissement de l'honneur public et de l'honneur privé, calamités,

joug de l'étranger, espérances et craintes indivi-
duelles plus actives, plus versatiles que jamais, tout
concourut à faire disparaître la patrie. La nation
n'était point divisée en partis par l'excès du mal ; et
par la même raison qu'un malade, extrêmement
faible, est à l'abri des souffrances, l'esprit national
et celui du siècle étaient anéantis en apparence. Le
véritable état de la France, au mois de juin 1815,
était la stupeur.

Les Français engourdis éprouvaient une absence
de toute volonté ; honteuse, souffrante, ensan-
glantée, couchée sur ses droits et ceux du siècle,
couverts d'un crêpe, tenant à la main l'histoire de la
révolution, indiquant les pages pures de sang et de
forfaits, pleurant ses fils, sa gloire et ses destins, la
nation attendait, immobile, la légitimité et le salut.

Plus de partis en effet : le bonapartisme, à cette
époque, était presque nul en France ; il ne contentait
aucune raison, ne flattait aucune espérance, ne
donnait aucune crainte et n'inspirait aucun sentiment, autre que celui du mépris, pour un homme
qui n'avait pas eu le courage de dédaigner les faveurs
d'une fortune, qui non-seulement boudait, mais avait
décidément rompu avec lui.

Le républicanisme était agité ; mais, plus réduit en
nombre que jamais, il était enfin convaincu que ses
projets étaient des chimères.

Tout pouvait être sauvé, tout fut sur le point de
périr ; en peu de mois, tout espoir de réconciliation

disparut, toute confiance fut détruite, et dans le moment même où la plus étroite union pouvait seule relever la nation, accablée par tant d'infortunes, celle-ci en butte à de nouveaux déchiremens intérieurs, ne fut jamais aussi près de succomber.

L'Opposition dans son origine.

Il est dans la nature des choses que d'un excès il naisse un excès opposé. Il est dans la nature des hommes de se jeter brusquement d'une extrémité à l'autre : ce fut-là à peu près notre histoire.

Le 20 mars entraîna de grands malheurs, mais lorsque la Providence en eut arrêté le cours, il devint un prétexte dans les mains de la malveillance.

On osa calomnier la nation et prophétiser ses crimes futurs. Le préjugé et le souvenir, les deux plus grands ennemis de la France, eux qui ne peuvent voir que le passé, et encore le distinguent mal, s'avisèrent de lire dans l'avenir, et n'y virent que forfaits et calamités. Un voile noir s'étendit aussitôt sur la France. Le choc de la réaction secoua l'Etat jusques dans ses fondemens.

Entrons dans le détail des circonstances d'un état dont nous connaissons mieux tout le danger, depuis que nous y avons échappé.

Nous l'avons dit, le souvenir avec sa tête grise, qui comptait jusqu'à cinq ou six siècles; le préjugé,

tout aussi suranné, ayant pour alliés l'orgueil, la rou-
tine, le fanatisme et l'ignorance, et armés du prétexte
d'un passé affreux et d'un avenir qu'ils avaient noirci,
se liguèrent et prétendirent tout asservir. On les vit
prendre pour masque une cause auguste et sacrée, et
pour marche celle d'un parti.

L'ambition, l'intérêt, l'intrigue n'eurent pas plutôt
reconnu les symptômes de l'existence probable de celui-
ci, qu'ils s'y mêlèrent. Avec eux passèrent des vétérans
du crime, la lie de la révolution, de ces hommes pour
qui nos fautes furent une mine et nos malheurs un
jeu, et que la France étonnée devait voir figurer
successivement dans toutes les scènes de sa longue
tragédie. Le sentiment, dirigé par l'erreur, quoique
honteux de tels compagnons, n'en grossit pas moins
une masse d'individus indignes de s'associer à ses
généreuses intentions; enfin la mode amenant ses
sectateurs, toujours nombreux en France, compléta
une réunion d'hommes, surpris de se trouver dans les
mêmes rangs. Bientôt toutes ces passions, tous ces
intérêts confus s'avisèrent de déclarer le royaume en
état de siége, et de vouloir placer la nation en surveillance; on s'imagina qu'il fallait singer la terreur
et parodier des époques effrayantes de la révolution;
des craintes ridicules si on les éprouvait, criminelles
si on les affectait, furent répandues avec art et alar-
mèrent toute la France.

Ce ne fut pas tout; une grotesque aristocratie,
empruntant des couleurs monarchiques, prétendit
étourdiment se glisser entre les autres pouvoirs, et

saisir de sa main caduque les rênes de l'Etat. Je n'accuse personne d'une ambition déterminée, mais je blâme l'imprudence de ceux qui se jetèrent dans un courant qui devait nécessairement les entraîner loin du but qu'eux-mêmes se proposaient.

Le parti alors prit toutes les formes aristocratiques et se constitua en coteries; on ne vit plus que des patrons et des cliens, que manœuvres secrètes, délibérations cachées, associations mystérieuses. Une espèce de ligue parut se placer en échelons sur toute l'étendue de la France; le parti marchait par degrés, mais par des degrés qui se succédaient et se franchissaient avec une promptitude effrayante.

Une épuration nécessaire, si elle n'avait été que ce que voulait le Gouvernement, mais clandestinement trop prolongée et menaçante encore après son terme, fit sur plusieurs points des victimes, des ennemis et des esclaves au parti. Cette épuration, qui dès-lors cessa de l'être, s'étendit sourdement à tout; l'on s'avisa même, par un calcul dont toute la profondeur n'a peut-être point été sondée, d'appliquer son abus à la garde nationale, et l'on fut bien surpris d'apprendre à Paris qu'une grande partie des citoyens en avait été exclue dans quelques départemens, où elle n'offrait plus qu'un corps mutilé d'officiers efféminés et de soldats déguenillés.

Des coteries générales dirigeaient des coteries de département, et de roues en roues on prétendait gouverner tout le royaume. On revit sous d'autres formes les clubs de 91.

Sous le nom de certificats de royalisme, le parti délivrait des brevets. Il fallait en avoir, disait-il, pour avancer et pour ne pas reculer; il en fallait pour figurer; il en fallait même pour manger en paix et obscurément un morceau de pain.

Délivrer des certificats d'une opinion politique quelconque, c'est toujours mettre le peuple à la merci d'un parti, le mérite à celui de la faveur, créer un crédit dangereux, faire un nombre immense d'ennemis, par la seule raison qu'il leur manque deux doigts de papier; forger pour l'intrigue et la malveillance un masque utile, et éterniser enfin l'opinion même que l'on veut proscrire. Jamais il n'y eut moins de bons citoyens que du temps des certificats de civisme.

Plusieurs administrateurs même fléchirent, et ceci sert à prouver ce que peut le Roi en France, puisque son nom seul, sans son autorité et sa volonté, a été si puissant que l'abus qu'on en faisait n'a pu être arrêté que par le monarque lui-même.

La passion avait employé les voies obliques pour influer sur le choix de quelques fonctionnaires renouvelés, et il n'en pouvait être autrement. La lie de tous les partis avait aussi essayé de se glisser dans la nouvelle composition.

L'administration ainsi partiellement subjuguée ou livrée d'elle-même, le Gouvernement ne put manquer de s'apercevoir que ses membres étaient paralysés et refusaient d'obéir à sa volonté; dès-lors l'anarchie en sous ordre prit une forme régulière, et des terreurs locales s'organisèrent; une grande partie des forces administratives subalternes étaient continuellement tendues et vers un but désavoué par l'autorité supérieure.

Malgré les efforts d'un Gouvernement paternel, les actes arbitraires, les emprisonnemens clandestins, les précautions vexatoires se multiplièrent à l'infini; les places inférieures dégénéraient en espionnage, état dont plus d'un particulier ne rougit pas, et la gendarmerie de son côté, sur quelques points, galoppait toujours avec l'ordre de trouver un conspirateur dans chaque buisson sur sa route.

On vit alors, heureusement en petit nombre, des fonctionnaires repoussés loin du char même de l'usurpateur à son retour, fidèles par dépit, puissans à force de déshonneur, se placer à la tête de la coterie du lieu, prêcher le royalisme avec la bouche de la terreur, inquiéter, opprimer, dénoncer, destituer; on les vit transformer leurs bureaux en quartier-général, s'escrimer contre des fantômes et vouloir prendre d'assaut l'amour des Français pour un Roi déjà adoré; on les vit couronnant ces grands actes administratifs par une fête et quelques couplets prétendus impromptus, se vanter à Paris d'avoir rétabli un ordre qui n'avait pas été troublé, corrigé un esprit public qui avait toujours été excellent, et figurer pompeusement dans un article de journal, obtenu de la libéralité du rédacteur ou de l'avidité de son commis.

Cependant la nation espérait dans une chambre

destinée à la représenter. Je ne prétends point criti-
quer celle de 1815; les lois ne s'y opposent pas néanmoins, car, si l'on en excepte les actes sanctionnés,
une chambre dissoute n'existe plus que dans la
mémoire et n'appartient plus qu'à l'histoire; mais
je respecte la représentation nationale jusques dans
son ombre.

Toutefois j'ai le droit d'émettre mon opinion sur
la marche de cette chambre, aux vertus et aux talens
de laquelle je m'empresse de rendre un juste hommage. Je dirai que cette marche ne répondit point à
l'attente du peuple; j'ajouterai que la chambre ten-
dit toujours, dans de bonnes intentions probable-
ment, à se transformer en pouvoir exécutif; et que
la nation, voyant la planche sur laquelle elle devait
se sauver vaciller, crut sa perte certaine et s'aban-
donna au désespoir.

Dès-lors le mal n'eut plus de bornes. L'esprit du
siècle et l'esprit national furent écartés; les uns ne
voulaient plus pour liberté que l'esclavage; d'autres,
que la licence et le bouleversement. Les uns ternis-
saient nos lauriers, les autres les prônaient avec affec-
tation; ceux-ci cherchaient à dominer par la terreur;
ceux-là voulurent se dégager par une autre terreur,
et d'horribles menaces se firent entendre au milieu
du murmure effrayant des bruits de mécontentement
et d'alarme. Oppresseurs et opprimés, dénoncés ou
dénonciateurs, tels furent alors la plupart des Français, et leur pays ne parut plus qu'une plaie immense qu'envenimait tous les jours le régime insensé

d'une tyrannie subalterne qui osait fronder le Gouvernement et même lui résister.

La nation fut presqu'obligée de se jeter à droite et à gauche. Lésé, menacé dans ses intérêts, inquiet sur ce qu'il avait, envieux de ce qu'avait son voisin, chaque individu devenait une recrue que la crainte, l'espérance ou le ressentiment livraient à tel ou tel parti. Un peuple d'hommes sans pain pensait peut-être à se faire bonapartiste ou républicain, comme un indigent commet quelquefois un délit dans l'espoir d'être nourri en prison.

Cet état violent, qu'accompagnaient l'épuisement des finances et le défaut absolu de confiance, produisit une faiblesse inévitable.

La France mourante gissait à plat sur la terre à la merci de la discorde intérieure et de l'ambition possible de l'étranger; un abîme, creusé sous nos pieds, menaçait à chaque instant de s'ouvrir et d'engloutir pour jamais ce beau pays, sa gloire et ses destinées.

Telle fut notre situation; déjà on a peine à la croire véritable; il semble qu'on parle d'un autre siècle, tandis que nous touchons encore à l'époque. Tâchons de ne plus oublier si promptement. Grâces au hasard et à la vertu nationale; grâces à la générosité de l'étranger, qui resta inactif, la fortune de la France ne reçut aucune atteinte nouvelle dont la bonté divine et la sagesse du Gouvernement ne purent du moins amortir le coup.

Mais il n'en fallut pas moins prendre un grand

parti, une résolution forte et manifeste, qui seule pouvait rendre la nation à elle-même, et au pouvoir légitime toute son intégrité et toute sa force.

Quelques hommes impartiaux et généreux envisageaient froidement ce parti qui n'en était pas un. Ce corps vaste et bigarré, qui comptait autant d'intérêts divers qu'il avait d'artères, à la fois bourru et patelin, dans lequel on remarquait un cœur aristocratique, une prétendue tête monarchique d'emprunt, des membres démocratiques mutilés, également d'emprunt, l'esprit vénitien, le jargon asiatique et l'allure jacobine. On redoutait ce monstre, non qu'il pût jamais régner, mais parce qu'il pouvait tout bouleverser. On se serra autour du trône, et la France fut sauvée.

On préluda au grand acte. Cette marche était indispensable ; il fallait des ménagemens. Rendons ici hommage à la vertu qui se trompa, au zèle qui s'égara : hommes fidèles, nobles soutiens et nobles victimes d'une cause sacrée, vous que le sentiment nourrit trente ans, vous comptiez quelques compagnons dans les rangs de l'erreur à laquelle seuls ils donnaient une couleur respectable. Il suffit de vous dessiller les yeux. Cependant, évitons désormais de nouvelles erreurs ; soyons citoyens après avoir été héros, fuyons les séductions, apprenons à respecter la prospérité comme l'adversité ; et n'oublions pas que s'ils sont fort généreux, ils sont aussi fort incommodes, ces gens qui ne savent bien aimer un Roi, du moins le bien servir, que quand il est malheureux.

Depuis quelque temps on observait une lutte qui devait précéder le triomphe complet de la raison. Cette lutte fut même plus longue et plus pénible que l'on ne serait porté à le croire.

Le Gouvernement opposa la modération à l'exagération, la force à la violence ; il se refusa aux actes arbitraires et réprima leurs auteurs ; peu à peu son attitude seule lui acquit cette vigueur qui depuis nous contint, nous protégea et nous sauva.

Je n'envisage pas l'ordonnance du 5 septembre sous le même jour qu'on paraît s'être habitué à le faire dans le public ; on la prend dans un sens trop littéral, et l'on n'y voit que la dissolution de la Chambre et sa réorganisation sur des bases constitutionnelles.

Ce fut là, sans doute, son objet ; mais non pas le principal. Je considère cet acte de la plus haute politique, comme une déclaration de prise de possession, et en même temps, comme une espèce d'*édit perpétuel* tels que les anciens préteurs de Rome en publiaient pour faire connaître au peuple la marche de leur administration future. C'est sous ce point de vue surtout que j'admire l'ordonnance, et dans son émission et dans ses résultats. Ceux-ci viennent à l'appui de mon opinion ; ils ont été trop immenses pour qu'elle puisse être douteuse.

En effet, on a vu le parti tomber sous le coup, et le jour de la mort de celui-ci fut marqué par la résurrection de la nation.

Suivons la défense qu'opposa le parti, comme nous

avons suivi son attaque; sa marche, d'effrayante, va devenir curieuse et même divertissante.

Ayant reconnu que la sagesse et le sang-froid des hommes investis du pouvoir, étaient inébranlables, la haine du ministère devint le sentiment dominant; et sa chute, le cri universel du parti. Dès-lors les destins de la France furent peut-être attachés à la conservation des ministres.

Il fallait écouter les cris perçans du parti, à chaque hommage rendu à la modération, à chaque pas vers la raison, à chaque victime soustraite à la réaction, à chaque fonctionnaire arraché à une influence anarchique, à chaque acte enfin d'une volonté sage, forte et déterminée.

Il fallait voir les lettres circulaires écrites dans les départemens, et ces lettres, mal digérées par des cerveaux brûlés, devenir autant de burlesques manifestes.

Il fallait enfin entendre les bruits, les murmures, les calomnies. On accusa le ministère de noirs desseins parce qu'il en avait qui contrariaient les passions. Sa sagesse devint une trahison, et sa modération un crime; on annonçait hautement un bouleversement général, on affectait une inquiétude risible; un homme respectable se mit dans le cas, par un motif auquel je me refuse de croire, de faire douter de son jugement ou de sa bonne foi; et, se plaçant à la tête des alarmistes, il fit exprès un poëme pour chanter en chapitres une conspiration qui n'a jamais existé et n'existera jamais que dans son cerveau.

Au milieu de ce vacarme épouvantable, la malveillance réveillée fit entendre de lugubres cris, et le pauvre public ne sachant point où tout cela aboutirait, savait seulement qu'il devait s'inquiéter.

Une crise approchait. Le ministère fut poussé à bout. Dieu savait qu'il était incapable de proposer un mauvais parti, même par désespoir ; tous les Français aussi le savent, sa devise était : *le Roi, la nation et la sagesse ;* avec elle on ne pouvoit s'égarer, et quoiqu'on en ait dit, le danger était nul.

L'ordonnance du 5 septembre fit l'effet de la foudre. Les mesures qui l'accompagnaient harmoniaient parfaitement avec elle. Toutes furent grandes, fortes et modérées ; chacune d'elles semblait évoquer la nation du tombeau ; elle se rangea toute entière sous la volonté de son Roi, bon juge de ses besoins et de sa situation.

Cependant, que devint le parti ? Un squelette dont on eut pitié après en avoir eu peur. La volonté royale le transforma en faction, car elle lui ôta l'opinion, le sentiment et le nombre qui distinguent surtout un parti d'une faction.

En effet, les hommes dévoués de cœur à l'auguste maison des Bourbons, revinrent de leur égarement comme s'ils se réveillaient d'un songe ; la crainte chassa tous les valets, le désespoir fit déserter les ambitieux et les intéressés, et les peureux enfin jetèrent bien vite un masque qui était sur le point de les étouffer, et qu'ils n'avaient pris que malgré eux.

Les Élections.

A peine l'acte qui dissolvait la chambre eut-il paru, que les hommes restés attachés à une erreur devenue inexcusable, crièrent d'une voix qui retentit d'un bout à l'autre de la France, que tout était perdu.

Nous ne tenons pas un bureau de renseignemens; nous ne connaissons pas non plus de notaire dont nous puissions transformer l'étude en archives de scandale; mais ce qui s'est passé à l'occasion des élections ne nous en est pas moins connu, car l'objet a paru trop important pour s'en fier complétement à l'impartialité de l'auteur d'une proposition avortée à la chambre des pairs.

Nous dirons que les mesures les moins équivoques furent prises pour gêner la liberté des suffrages et diriger ceux-ci; que toutes les manœuvres, même celles que l'esprit démagogique et désorganisateur avait jadis adoptées, furent employées pour parvenir à une fin funeste à la France.

On ne craignit ni l'on ne rougit pas de provoquer les coups de la malveillance en exagérant ses forces, et pour l'enhardir, on alla jusqu'à soutenir qu'elle était assez bien à la cour.

On remua la lave brûlante encore que la révolution avait jetée dans le midi; on intéressa faussement la religion, on méconnut la volonté royale; on tortura, on estropia son expression. On prit dans le grand arseual la redoutable machine de guerre appelée *la monarchie selon la charte;* on y joignit le fameux *post-scriptum* qu'un ancien tribun du peuple ne désavouerait pas, et on les adressa circulairement à des magistrats et à des fonctionnaires qui en firent des bandes. Tous les chefs-lieux d'arrondissemens et de départemens furent inondés de l'*adresse aux électeurs,* et d'autres écrits également incendiaires. Bruits alarmans, influence illicite, sollicitations, intrigues, agitations répandues, rien ne fut négligé pour s'assurer des élections.

Je n'avance rien qui ne soit connu de chaque ancien électeur, et presque de chaque habitant de la France.

On prétend que, de son côté, le ministère prit des mesures; il ne m'appartient pas d'approfondir ce qu'il en est; je remarquerai néanmoins que ces mesures seraient justifiées par le résultat, qu'elles n'auraient fait que rendre aux électeurs leur intégrité, et aux élections leur liberté; et, qu'en ne les prenant pas, le ministère aurait négligé les moyens d'une défense légitime, les intérêts du Roi et de la patrie; j'ajouterai que cette défense, pour autant qu'elle a pu être aperçue, a été aussi belle que son objet. On a éclairé la France sur sa position, ses intérêts et les intentions de son monarque, plan aussi noble qu'il était judicieux.

Les élections décidées, il ne resta au parti dégénéré d'abord en faction et ensuite en simple opposition, que la consolation de crier, car on prétend que c'en est une. C'est sous cette triste forme, déchu de sa grandeur passée, privé de toute vigueur, même de tout prétexte, qu'il nous apparaît encore aujourd'hui.

Ce n'est plus la harpe prophétique qui résonne sous ses doigts ; les conspirations ne sont plus de saison ; on n'accuse plus les fidèles serviteurs d'un sage Roi, de le tromper pour le perdre ; on ne cherche plus aussi à répandre la terreur et la menace. C'est avec une humble fierté qu'on se présente ; on prend un air de victime, et si l'on attaque encore, c'est avec des personnalités, triste et dernière ressource du dépit et de la faiblesse.

Ce n'est pas tout, on voit un enfant dénaturé donner à son père un démenti formel, couvrir l'aristocratie d'un manteau démocratique et changer de principes sans changer de plan ni d'objet. On le voit embrasser la Charte qu'il étouffait et s'en saisir pour frapper ses soutiens. On m'a dit que cela s'appelait de l'adresse. Des voûtes étonnées ont retenti des mots de *liberté*, des *droits du peuple*, de *constitution*, tandis que l'écho des mêmes voix répétait encore des mots opposés. Il semble qu'on ait voulu attester l'existence d'une providence, et j'ai cru entendre le décemvir Appius prononcer sa propre condamnation et invoquer l'appel au peuple que lui-même avait aboli.

N'insultons point au malheur ; épargnons l'opposition, qu'un vice radical empêchera toujours de s'accréditer. Mais observons qu'elle a tort de finir précisément comme elle a commencé. Est-ce du sein du royalisme qu'elle devait naître? Ajoutons pour l'information des hommes d'état dont la France fourmille, que si une opposition peut être utile sous un régime constitutionnel, c'est une opposition franche, et qu'encore elle ne doit naître et croître qu'avec le bonheur de la patrie et la force de la constitution. Si l'un est à son aurore et l'autre dans l'enfance, l'opposition est imprudente et même criminelle. Imitons les Anglais en tout, ou ne les imitons en rien; mais ne nous bornons pas à singer gauchement leurs écarts.

Comme nous ne comptons pas revenir sur le même objet, avant de l'abandonner il convient de répéter que nous n'attribuons à personne une ambition déterminée, un plan fixe. On a parlé, il est vrai, d'un rêve; il s'agissait, si je m'en rappelle, d'une nation rétrécie et mutilée et d'une puissance réduite à être *prima inter pares*. C'était, disait-on, la perfection politique.

De bonne foi, je ne crois pas même à ce rêve. Dans tout cela, il y a eu, je pense, plutôt des moyens qu'un but d'arrêtés; plutôt une foule de petits intérêts, qu'un intérêt grand, unique et général. Dans tout cela, il y a eu de la passion, de l'aveuglement, de l'inconséquence et même des étincelles de générosité; car je suis impartial et juste et j'honore plusieurs individus d'une secte dont j'ai cherché surtout à signaler les abus à leur propre conscience.

Ce qui néanmoins est impardonnable, c'est qu'on se soit avisé de vouloir aimer exclusivement un Roi adoré de tout le monde, et qu'on ait poussé la témérité jusqu'à prétendre protéger un monarque puissant. Il y a là insolence et folie. Un Roi protégé serait un Roi avili et perdu.

Sur la Constitution.

Je m'aperçois qu'il est devenu impossible de faire un écrit politique quelconque sans parler de la Charte, et qu'il convient d'y jeter un coup d'œil avant de passer à la conclusion. Je ne prétends pas discuter les articles de cette base de tout notre édifice politique; si j'en étais capable, je ne le voudrais pas : car je pense que celui qui a la vue assez sûre et assez perçante pour y découvrir des défauts, doit les cacher soigneusement. Le citoyen le plus éclairé et le plus libéral sera précisément celui qui ne considérera ce bienfait de son Roi qu'avec une tendresse aveugle et ne le fixera qu'avec les yeux de la foi. Les défauts d'une constitution doivent être sacrés, et ce sont les seuls. C'est donc plutôt le système constitutionnel que la Charte même que je me propose d'examiner. Cet examen rentre directement dans mon objet.

Raisonner n'est peut-être pas autre chose que définir et distinguer, les deux plus importantes opérations dans toute discussion.

En cherchant à remonter à la première source de

tout Gouvernément, nous trouverons l'inégalité essentielle des hommes entr'eux.

Cette inégalité physique dans l'état rapproché de la nature devient morale dans l'état de civilisation. A une époque, elle est individuelle; à l'autre, elle réside dans des collections d'individus appelées *classes*.

Richesse est force politiquement parlant et dans l'état de civilisation, et l'homme le plus vigoureux d'une bande de sauvages se trouve à peu près dans la même position que l'homme le plus riche dans une de nos villes.

Si richesse est force, pauvreté est faiblesse.

Force individuelle est dans l'état de nature à force collective dans l'état de civilisation, comme force physique est à richesse et faiblesse à pauvreté.

De ces principes découle l'existence des divers *pouvoirs* et celle des *gouvernemens* qui ne sont pas précisément synonymes.

Comme dans la nature on trouve toujours des hommes forts et des hommes faibles, de même dans toute société il se trouve une collection d'individus riches et d'individus pauvres. Etendons nos regards du plus petit village jusques sur le plus vaste empire, nous trouverons toujours marquées ces distinctions, qui dureront autant que la société elle-même, dans des proportions différentes, et nous trouverons la ligne de séparation fortement prononcée par suite du système d'hérédité qui est dans la nature même.

Cependant (et ici la comparaison de l'état de nature à l'état de civilisation reçoit une atteinte), les faibles de la société ou les pauvres ont nécessairement l'avantage du nombre, qui, sans détruire sa faiblesse intrinsèque et ses résultats, forme de la classe une véritable puissance. De là une égalité non pas complette (car ce serait la perfection), mais approximative de deux forces opposées ; de là, la nécessité de l'équilibre.

L'aristocratie et la démocratie suffisamment désignées sont donc les deux élémens distincts de tout corps politique de société.

Qu'on appelle les forts, des *nobles*, des *boyards*, des *mandarins*, ou simplement des *riches*, ils constitueront toujours l'aristocratie ; qu'on appelle les faibles, *peuple, vassaux, canaille* ou simplement les *pauvres*, ils constitueront toujours la démocratie. Il n'est pas de pays où n'existent ces distinctions avec les modifications qu'entraînent les localités. Elles peuvent être cachées, mais tôt ou tard une révolution les découvrira et les établira dans les proportions de ces localités ; car pour débrouiller un cahos il faut un choc, et ce choc peut être salutaire, pourvu que les bases mêmes de la société n'en soient pas ébranlées.

Toutes les modifications à l'état de choses qui vient d'être exposé et qui n'ont point le climat pour cause directe ou indirecte, sont du nombre de celles qu'une révolution effacera, et la civilisation, plus tôt ou plus tard, amènera cette révolution.

C'est ainsi que nous déduisons l'aristocratie de richesse et la démocratie de pauvreté, jusque dans la bizarre organisation de quelques états de l'Asie, morcelés en castes. Cette monstruosité sociale disparaîtra et déjà elle est plus apparente que réelle.

Je n'assimile point la noblesse à l'une de ces castes; et parmi d'autres différences est celle qu'elle peut s'acquérir et se perdre autrement que par la naissance : d'ailleurs la division n'embrasse pas toute la nation.

Je considère la noblesse comme une richesse et une force sociale consolidée; c'est politique et non blason que je parle. La noblesse envisagée de cette manière, est un poids indispensable dans la balance, et un corps peut-être essentiel à la société, quelque nom qu'on veuille lui donner ou qu'il lui plaise de prendre.

Je trouve donc dans l'état social deux masses distinctes qui sont comme inhérentes à son existence et que j'appelle puissances élémentaires; ce sont l'aristocratie et la démocratie.

L'une et l'autre sont dans la nature même des choses, et bien loin de les proscrire, si nous voulons une organisation durable, appelons-les; il suffit de les régler : soyons convaincus qu'un jour nous les verrons paraître à des hauteurs différentes à Siam, à Pékin, à Constantinople.

Il serait curieux, je pense, d'examiner la marche tantôt lente, tantôt précipitée, tantôt ouverte, tantôt cachée de ces puissances élémentaires; leurs luttes entre elles et leur alliance alternative avec un troisième pouvoir.

L'histoire du monde parcourue sans perdre ce fil, offrirait peut-être un tableau d'une couleur toute neuve.

Il n'y a pas de révolution, je dirai même pas d'événement politique, tel petit qu'il puisse être, dans lequel l'áristocratie et la démocratie, la masse riche et la masse pauvre ne jouent au fond les premiers rôles, et ce sont leurs combats qui produisent toutes les catastrophes politiques.

On pourrait ainsi en deux mots faire l'histoire de la révolution française. L'aristocratie et la démocratie, quoique brouillées entre elles, se sont coalisées contre le pouvoir monarchique qui les séparait. A peine celui-ci fut-il suffisamment affaibli, qu'elles se brouillèrent ouvertement et s'attaquèrent. La démocratie triompha de l'aristocratie. Le poids de la première, privé de contre-poids, enleva tout et culbuta la monarchie destinée à maintenir l'équilibre, ainsi que toute la machine politique.

Si cette monarchie avait pu dès-lors chercher quelques pas en arrière une position plus forte; si la démocratie et l'aristocratie avaient fait quelques pas en avant, mais de front, nous ne compterions peut-être point de crimes nationaux depuis la Saint-Barthelemi.

Les deux masses ou puissances distinctes de la société sont en état d'inimitié et de guerre continuel, parce que l'une tend essentiellement à l'oppression et l'autre aux envahissemens ; parce que l'une veut toujours user d'une force dont elle est en possession et la défendre, et que l'autre veut constamment s'en saisir en s'aidant de sa supériorité numérique.

Pour adoucir et neutraliser en quelque façon cette animosité naturelle, et peut-être dans un but moral qu'il serait inconvenant de rechercher ici, mais qui à la création a dû prévaloir sur un but politique, la Providence a établi une fusion appelée changement d'état ou de fortune, que tout état de société amène immédiatement, et dont la civilisation hâte les progrès.

Mais, cette fusion ne suffit pas ; elle n'est jamais radicale ; elle est trop lente pour le mouvement précipité des deux masses ; enfin, elle est individuelle et ce mouvement se fait en corps. Ces inconvéniens sont un grand mal qui nécessite un grand remède.

Pour s'entremettre entre ces deux puissances élémentaires, pour former un équilibre qui puisse assurer l'existence d'un peuple politique, il est né un troisième pouvoir que j'appelle médiateur et auquel on donne le nom de *monarchique*. Pour que ce pouvoir soit suffisamment fort, il convient qu'il soit unique et qu'il soit appuyé de toute la force exécutive et de celle qu'y ajoute le système de l'hérédité. De là le besoin et les droits de la monarchie que consolide encore cet amour pour une famille de Rois, sentiment si bien connu des Français, et que la Providence ne plaça pas sans dessein dans nos cœurs.

Sans ce pouvoir médiateur, nous verrions consta'mment les puissances élémentaires s'entre-détruire pour ressusciter. Une fusion trop brusque produirait un choc continuel de deux moitiés de nation. Les événemens politiques formeraient une suite non interrompue de bouleversemens, et telle serait depuis son origine l'histoire du monde privé de monarchie : la puissance aristocratique opprimant d'un côté ; la démocratique secouant le joug de l'autre ; attaquant celle-ci et la détruisant ; puis, devenue elle-même aristocratie, se trouvant en face de son ennemie, qui aurait pris sa place et qui à son tour l'attaquerait, la vaincrait et la remplacerait. Ce mouvement formerait une roue précipitée et dégouttante de sang, qui entraînerait immanquablement ou la destruction ou l'esclavage d'un peuple.

L'existence des républiques ne prouve rien contre ce qui vient d'être dit ; on y supplée au pouvoir monarchique par un pouvoir médiateur, temporaire et divisé, qui est trop faible pour consolider l'état, mais dont néanmoins l'existence prévient un bouleversement immédiat.

Le besoin fut toujours une loi sous laquelle tout fléchit. Les puissances élémentaires reculèrent chacune de son côté ; il y eut une place ; Dieu y mit un prince et le consacra.

Mais ce troisième pouvoir médiateur, ce pouvoir arbitre, dans quelques temps, dans quelques lieux, dans quelques circonstances, profita de l'opposition naturelle des puissances élémentaires entre elles, et au lieu de les unir par son poids, il les écrasa par lui. Quelquefois, au lieu de former une pyramide placée sur sa base, qui est la nation, et d'en être le sommet, il renverse cette pyramide qui, ne reposant plus que sur une pointe unique et fragile (la force ou l'intérêt d'une seule famille, isolé de celui de l'Etat), écrasée par le poids immense de sa base, vacille sans cesse et finit par s'écrouler.

Je conviens qu'il est une classe d'individus plus ou moins étendue, que l'on appelle celle de *la bourgeoisie*, et que l'on ne saurait ranger précisément ni dans l'aristocratie, ni dans la démocratie, qu'elle semble réunir et confondre. L'existence de ce phénomène social est remarquable, et il serait important d'assigner sa véritable place à cette classe intéressante. Si la distinction faite de la bourgeoisie me paraît peu réelle, quant aux résultats, je crois du moins que dans toute action elle est absorbée soit par la richesse, soit par la pauvreté, soit par l'aristocratie, soit par la démocratie, selon qu'elle se rapproche de l'une ou de l'autre, et que, dans ce cas, la grande ligne de séparation traverse son centre.

La bourgeoisie ne devient sensible que par la présence de la royauté. Celle-ci, de son côté, emprunte d'elle sa plus grande force médiatrice; mais, dès qu'elle veut outrepasser son pouvoir et se transformer en despotisme, cette même bourgeoisie devient son ennemie implacable, et tente toujours de réaliser le système républicain, moins chimérique en raison du plus grand nombre d'individus trop pauvres pour vouloir gouverner, trop riches pour vouloir détruire. Concluons que la royauté constitutionnelle et la bourgeoisie, sont deux alliées à qui rien n'est impossible, et que la seconde est une espèce de sous-arbitre ; concluons aussi que le despotisme et la bourgeoisie sont deux ennemis qui tentent toujours à se détruire, et que la dernière ordinairement réussit à la longue, quoique ce ne soit que travailler à sa propre destruction comme corps.

Les limites de cette brochure ne nous permettent pas de donner plus de développement aux idées que nous venons d'énoncer comme nous ayant paru être la base du système constitutionnel. Il est possible que la définition de l'aristocratie et de la démocratie, de leur nature, de leur opposition, de leurs rapports, de leur action et de leur influence, paraisse hasardée en partie ; mais nous la croyons fondée. La pratique doit, nous le pensons, vérifier l'exactitude de nos assertions dont le plus grand nombre forme déjà autant d'axiômes connus. Notre propre expérience ainsi que celle de tous les siècles, nous prouve l'existence inévitable et les avantages du pouvoir ou gouvernement *trinitaire ;* nous n'avons cherché qu'à les expliquer.

Que chacun donc se rassure en voyant ce point où nous sommes arrivés, en contemplant le bienfait immortel d'un monarque immortel lui-même, en voyant l'aristocratie et la démocratie à leur véritable place, n'ayant plus ni à avancer ni à reculer, séparées et en même temps unies par une royauté purement médiatrice, et celle-ci appuyée d'une bourgeoisie nombreuse, dont chaque acte d'une sage administration tend à consolider l'existence.

Ne repoussons donc pas la douce conviction que nous nous trouvons au terme de notre révolution et de nos maux. Une Chambre des Députés représentera la masse démocratique ; une Chambre des Pairs, la masse aristocratique, composée de nobles et de riches, cela revient au même. Soyons donc tranquille sur notre portion de liberté et de pouvoir, par l'idée qu'il nous est désormais impossible ni de la perdre, ni de l'accroître. Tenons-nous dans un même calme et dans une même immobilité, et n'oublions jamais, quelle que soit notre station sociale, que nous sommes tous citoyens et qu'il n'est pas de nom plus beau que celui de Français.

Nous possédons l'harmonie et l'ordre, et puisqu'ils sont complets, nous les conserverons. C'est le faux ordre seulement qui change ; le véritable est éternel. Il est possible que le temps fasse subir à la Charte quelques modifications, mais sa charpente restera. Nous pouvons être attaqués par l'étranger, nous pouvons être inquiétés dans l'intérieur ; mais notre existence politique actuelle y survivra, et il n'est plus de révolution pour la France.

Il y a une nation en Europe où l'agitation est excessivement grande. On prétend que ce n'est autre chose qu'un mouvement qui lui est naturel et salutaire ; cela se peut ; mais je serais tenté de croire que c'est plutôt son pouvoir médiateur qui a pris sourdement un trop grand accroissement.

On verra quelques changemens dans cet état, mais il n'y aura pas de révolution ; la force de sa constitution l'en préservera, et tout cela n'aboutira qu'à remettre à sa place une partie de l'édifice politique que des orages, et surtout le temps, ont insensiblement dérangée.

Session de 1816.

De toutes les prédictions sinistres, aucune ne se vérifia, et à la voix d'un grand Roi qui appelait son peuple, on vit celui-ci, représenté par la sagesse et la modération, se ranger avec calme et en silence autour d'un trône plus ferme depuis qu'il est moins élevé.

La session de 1816 formera un des traits les plus prononcés de l'histoire de notre temps ; elle fut l'époque des résultats. Il fallait détruire encore bien des craintes, réaliser bien des espérances. Il fallait justifier une grande mesure, et donner enfin, par des effets, de l'aplomb à cet heureux état de choses dont nous sommes les témoins.

Vainement l'exagération tendit-elle le cou au glaive et rechercha-t-elle un utile martyre ; on ne daigna pas la frapper, et le mépris seul en fit justice. La neutralité parfaite et son sang-froid désespérèrent et rassurèrent tout le monde ; on fut enfin persuadé que nos farces sanglantes étaient jouées.

Les actes de la session de 1816 furent grands sans doute, mais son attitude et son esprit furent d'un effet plus grand encore. Ils ont prouvé aux Français qu'ils peuvent être libres et heureux, représentés et tranquilles. Ils ont prouvé à l'Europe que, non pas quelques hommes, mais que toute la France est royaliste. C'est cette précieuse preuve qu'il était indispensable d'acquérir, que nous devons à la sagesse du Gouvernement, et qui fera à jamais l'éloge de son administration.

On a vu, à la Chambre, la jeunesse parler avec la maturité du vieil âge, et une conscience pure opposer avec succès l'éloquence qui lui est naturelle, aux déclamations de l'envie et du dépit.

Les lois sur la faculté accordée au clergé d'acquérir, celles sur la liberté individuelle, sur les journaux, enfin, sur les élections et le budget, sont les principaux actes de la session.

Je passe sur la première, qui peut aujourd'hui être considérée à peu près comme indifférente. Ce n'est selon moi, dans le fond, qu'un hommage, qu'un simple témoignage du respect dû à la religion.

Je vois dans les deux qui suivent, une nouvelle preuve, et peut-être la plus positive, de la pureté des vues du ministère. En effet, si les ministres eussent maintenu la loi sur la sûreté, on eût pu les soupçonner de n'avoir pris qu'un masque ou de n'avoir cherché qu'à remplacer une terreur par une autre ; au contraire, si la loi eût été rapportée, on eût pu les soupçonner, non pas de favoriser la malveillance, cela est trop ridicule, mais de flatter des passions opposées à celles qu'ils avaient à combattre, de trop chercher à se populariser, et de compromettre, pour leur sûreté personnelle, celle de l'État. Ils ont tenu un milieu qui n'égare jamais.

La loi sur les journaux me donne la même opinion sur les intentions et les vues du Gouvernement.

Le budget ne rentre pas dans mon objet; il est secondaire, d'ailleurs, quoiqu'infiniment important. Arrangeons bien nos affaires et l'argent viendra. Pour faire ou plutôt pour accorder un bon budget, il ne faut guères que du dévouement, et les Français n'en ont jamais manqué, quoique dans de certains momens il ait eu un faux objet.

Mais le véritable triomphe du Gouvernement est dans la loi sur les élections, la plus sublime conception de l'esprit humain, la plus forte garantie de la liberté, le plus généreux sacrifice qu'ait pu faire l'autorité au bonheur d'un peuple. Les ministres (1) ont par cet acte, renoncé, pour eux-mêmes et pour tous leurs successeurs, à la possibilité de ne pas être de vertueux administrateurs; et assuré à jamais les destins de la France, contre toute tentative d'anarchie et de tyrannie.

La discussion de cette loi sert à prouver combien

---

(1) On sera étonné peut-être de ce qu'il est si souvent question du ministère; mais c'est l'usage sous l'empire d'une constitution. Le souverain lui-même ne doit être loué que rarement, et je crois que c'est lui manquer de respect que de citer à tout propos le *Roi*. D'ailleurs, chacun sait que ce monarque gouverne par lui-même, et ne se détermine que d'après sa propre conviction.

l'esprit de parti est un esprit dépravé; elle démontre aussi jusqu'où des sophismes peuvent altérer la question la plus simple et la plus claire.

Pour reculer le moment du dernier soupir d'un préjugé, pour nourrir un peu plus long-temps des espérances devenues plus que ridicules, ou bien pour mettre simplement des entraves à la marche d'un ministère plus odieux à mesure qu'il devenait plus grand, on a cherché à priver la France d'une loi qui est son *palladium*, et qui sera un modèle pour l'univers entier. Il est curieux de voir sous quel tas de mots on a essayé d'étouffer les cris de sa propre conscience civique, et d'enterrer l'excellence de cette loi.

Le fait est que cette loi est le fruit d'une imagination aussi forte que réglée; elle est trop heureuse pour être attribué* simplement à la raison : il a fallu plus que celle-ci pour la produire. Laissons à la postérité le soin d'apprécier et d'exposer le détail de ses avantages, et bornons-nous à saisir ceux qui, plus grands et plus prononcés, se font remarquer d'avance.

Le plus grand de ces avantages se trouve précisément dans un des points qui ont été le plus vivement combattus, l'instabilité et le changement continuel d'électeurs.

Observons que les conseils ou compagnies ont toujours été des représentations nationales plus ou moins estropiées. On a vu qu'ils dégénéraient constamment soit en oligarchie, soit dans un assemblage d'esclaves de la volonté d'un seul. Pour remédier à cet inconvénient, on a imaginé le renouvellement, c'est-à-dire, on a fixé des époques plus ou moins rapprochées, auxquelles les individus composant la représentation, seraient ou totalement ou partiellement changés. Il n'y a qu'à lire l'histoire d'Angleterre, pour voir quelle importance le peuple attachait à ce renouvellement, sans lequel effectivement la représentation n'est bientôt qu'un vain mot.

Cependant ce remède n'était, dans le fait, qu'un palliatif; il fallait couper le mal dans sa racine et établir la liberté et le repos public sur une base immuable.

Le renouvellement de la représentation parait à l'oligarchie, mais laissait subsister tout le danger d'une aristocratie; cela est si vrai, sous tous les rapports, que même notre corps mutilé d'électeurs en formait une déjà, sans qu'on s'en doutât. Tous les vices qui naissent de la continuité de l'exercice d'un pouvoir ou d'une faculté quelconque, infectaient ce corps; il y avait ou intelligence ou opposition, toutes les deux également nuisibles dans leurs résultats; l'habitude avait déjà formé son pli; les intérêts s'emboîtaient pour ainsi dire, ou se choquaient; le corps commençait à faire un tout séparé, et l'on distinguait déjà, aux élections, un électeur d'un Français.

C'étaient les élémens mêmes de représentation qu'il fallait purger par le renouvellement; mais par un renouvellement réellement efficace, et c'est ce qu'on a fait.

4.

En assurant à la fortune seule le droit d'élire, on
l'a, de fait, donnée à toute la nation. Chaque Français aujourd'hui est électeur; on lui demande seulement une garantie toute simple, celle que son propre
intérêt soit lié à l'intérêt général. C'est ce principe
qui, neuf, au moins dans la généralité de son ap-
plication, me paraît une véritable inspiration, et
pour lequel je cherche à exprimer mon admiration.
Sa libéralité est plus grande que si tous les citoyens
avaient été appelés aux élections, car ils auraient
insensiblement séparé les deux qualités d'électeurs
et de Français; au lieu qu'aujourd'hui la versatilité
rend tous les inconvéniens de la continuité et de
l'habitude impossibles, sans néanmoins blesser les
droits du dernier citoyen.

Quoiqu'on en ait dit, l'influence est moins possible que jamais, et par la même raison. Comment
en effet influer une masse immense et qui ne sera
jamais exactement la même pendant un seul mois?
La nation sera purement et exclusivement représentée, et nous sommes peut-être les premiers de
tous les hommes destinés à entendre sa voix véritable.

On a blâmé la modicité du taux des contributions
exigées pour acquérir la qualité d'électeur. Il le
fallait pour obtenir une certaine étendue; il le fallait
même pour donner le poids nécessaire à cette classe
médiatrice, qu'il convient de faire ressortir le plus
possible, la bourgeoisie : à cette classe qui jamais
n'opprime ni ne se laisse opprimer; qui est au dessus

de l'ambition, parce qu'elle est au dessous d'elle ; qui n'est jamais maîtresse, ni jamais esclave, mais qui est toujours *peuple* ; à cette amie de l'aristocratie et de la démocratie, ses véritables sœurs, lorsqu'elles n'usurpent pas ; à cette alliée naturelle de la monarchie et à cette implaçable ennemie du despotisme.

Un grand caractère se trouve imprimé à la loi, objet de ces réflexions, c'est celui de la perpétuité et de l'incorruptibilité. Elle est faite pour durer toujours et je ne connais aucun autre mode qui eût pu lui donner le même caractère.

« Chaque Français qui paye un certain taux de contribution, est électeur », dit la loi ; c'est là un principe véritablement perpétuel. Il faudra sans doute altérer ce taux lorsque le temps aura amené des changemens dans le système des impôts et dans la valeur des monnoies ; mais cette altération ne sera qu'une rectification, une nouvelle consécration du principe et la proportion sera un guide sûr.

N'examinons point si l'on eût pu étendre le même principe à un double degré d'élection. On a blâmé la loi de n'être pas assez détaillée ou en d'autres mots d'être trop courte ; cette critique donne la mesure des autres.

La France a reçu cette loi comme un bienfait ; l'Europe l'admire et l'envie. Depuis que nous la possédons, notre Gouvernement est le plus libéral et le plus puissant, et nous-mêmes nous sommes le peuple le plus libre et le plus fort de la terre.

Cette revue de la session de 1816 s'est prolongée

au-delà de notre intention ; que d'autres consacrent
à son histoire une plume plus digne de l'écrire !

CONCLUSION.

L'on a jeté successivement un coup d'œil rapide
sur les causes et les événemens qui ont produit,
marqué et prolongé la révolution, ainsi que ses suites,
au-delà même du terme que le destin paraissait avoir
fixé. Il est temps de détourner les yeux d'un spectacle
ennuyeux à force d'être varié; assez d'autres peignent
le malheur; décrire la félicité est une nouveauté :
puisse-t-elle réussir!

Sublime auteur du *Christianisme*, dépose l'hu-
meur, le préjugé et l'erreur; redeviens ce que te fit la
nature. Toi qui décris si bien les orages politiques et
la foudre menaçante, peins-nous, ta patrie t'en con-
jure, un ciel pur et serein, et le bonheur qui nous
attend; tes concitoyens t'en devront le sentiment plus
vif, et la postérité réconciliée t'admirera sans partage.

Laisse au talent médiocre et impuissant la tâche
banale de nous alarmer; qu'il frappe nos oreilles de
ses cris sinistres et jaloux : ils produiront l'effet d'un
coup de feu tiré dans un désert, et qui ne sert qu'à
faire ressortir davantage la paix, le repos et le calme
imposant du lieu.

Les comparaisons sont une ressource dans le
malheur, et la France aujourd'hui n'a plus besoin

de cette ressource ; ne la rejetons pas cependant tout à fait ; elle sert aussi à mieux faire apprécier le bonheur. Jetons donc avec confiance un regard sur toute notre histoire passée, nous ne trouverons aucune époque à laquelle la nôtre ne soit supérieure ; car jamais, avant ce jour, la France n'eut à la fois un bon Roi et une bonne Constitution.

Je ne prétends pas nier que des éclairs d'une grande prospérité n'aient lui sur l'Etat, mais jamais une complexion robuste n'annonça cette santé durable, cette vigueur continue qu'il déploie aujourd'hui.

On serait étonné si l'on comptait tous les avantages dont nous jouissons, tous les maux que nous avons évités et tous ceux qui ne sont plus ; ce ne serait point alors la flatterie, mais une admiration vivement sentie, qui nous ferait considérer comme inspiré un Gouvernement qui, à notre insu, pour ainsi dire, et comme par enchantement, nous a retirés de l'état le plus cruel et le plus abject pour nous placer dans une situation qu'il est criminel de taire, pour tous ceux qui la distinguent.

C'est ici le moment de tout dire : la France ressuscitée rentre dans tous ses droits, et c'est avec orgueil que je le dénonce à l'Europe et au monde.

Résultats de la présence d'un Roi bon et juste, vous êtes grands sans doute ; ce Roi, l'expérience nous l'a prouvé, forme à lui seul une puissance en Europe ; mais ce n'est pas tout : nos institutions, le bonheur, l'union, le patriotisme qui en sont la suite, donnent à l'État une prépondérance politique, plus déterminée même qu'à toute autre époque.

Ne rougissons donc pas d'une faiblesse qui n'est plus, d'une humiliation passée et que couvre une gloire immortelle ; ne nous plaignons plus des désavantages, moins grands que l'on ne pense, de quelques traités qu'assurément nous n'étions pas à même de dicter ; nos contributions auront un terme prochain, et consolons-nous, en attendant, par l'idée que nous ne les payons plus que parce que nous les avons promises ; la force, par degrés insensibles, coule et s'étend dans toutes nos veines ; sans efforts elle soulève la France, la replace au premier rang, et fait reprendre aux peuples étonnés une habitude de huit siècles.

Il n'entre pas dans mon objet d'examiner les rapports diplomatiques qui existent entre la France et les différentes nations de l'Europe ; il suffira de dire que toutes la redoutent et qu'aucune ne la craint : situation la plus heureuse où puisse se trouver un peuple.

Parlant en général, je dirai que l'organisation de l'Europe a pris plus d'assiette, et que de long-temps son repos ne saurait être troublé, que par des guerres peu considérables.

Deux puissances éloignées, et presque aux extrémités opposées de cette division du globe, forment un équilibre qui manquait jusqu'ici. Une de ces puissances, nouvellement encore agrandie se devine ; l'autre est la France, forte au moral par une légitimité consolidée, une constitution inébranlable, un esprit raffermi, et au physique, par une richesse prochaine et une quantité innombrable de bras, dont la plupart appartiennent à des héros.

On sera surpris peut-être de voir placer la France au rang de première puissance, et de ce qu'on lui accorde un tel poids dans la balance de l'Europe.

Ceux qui éprouvent cette surprise ne connaissent le véritable état ni de l'une ni de l'autre. Une autre nation, peut-être, dans l'opinion de quelques individus, réclamerait ce droit de constituer l'équilibre, mais je n'ai pas l'habitude de prendre une apparence pour une réalité, ni un fantôme pour un corps.

La position respectable dans laquelle nous nous trouvons vis-à-vis de l'étranger ne peut qu'influer très-avantageusement sur notre situation intérieure, qui cependant pourrait se passer de ce secours.

L'administration, sans les colères de maladie ni les violences de faiblesse, armée de toutes les forces monarchiques et républicaines, à l'aide d'un esprit public qui tous les jours se consolide et s'épure, maintient le bon ordre, ses propres droits et ceux du peuple.

Une force énorme réunit en faisceau passions, intérêts, souvenirs, espérances. La patrie, peut enfin, présentée sans voile à l'adoration des Français, former un centre unique, autour duquel des millions d'individus viennent se presser. La nation n'existe plus que dans un présent qui lui plaît et un avenir qui la rassure. Le passé déjà s'est effacé. Des propriétés utilement divisées répandent l'aisance sur

toute la surface du royaume. Le respect des droits,
la liberté, l'obéissance et le repos ressuscitent ; l'industrie, qui, libre dans ses efforts et même dans ses
écarts, produit déjà et promet immensément. Le
Gouvernement a beaucoup promis et je ne vois pas
ce qu'il n'a point tenu.

Encore en pleurs et couverts de taches de sang,
divisés par ce qui diviserait les dieux mêmes, l'orgueil et la cupidité, il a dit qu'il vous rallierait autour
de lui, et il l'a fait ; il a dit que vous vous aimeriez,
et déjà, surpris, vous ne vous envisagez plus que
comme des frères ; il a dit qu'il vous rendrait heureux, et, plus étonnés encore, vous ne pouvez vous
dispenser d'avouer que vous l'êtes.

Qui le croirait qu'après une telle série de calamités
publiques et particulières, après une habitude d'in-
certitude décidément prise, toujours propre à con-
firmer la stagnation du numéraire, après des dépenses
prolongées et vraiment épouvantables, après une
invasion deux fois répétée, la France serait en état
non pas de rétablir ses finances, la chose était impossible, mais de faire face à ses besoins et à ce
qu'exigent l'étranger et la bonne foi ? Qui croirait
que les opérations nécessaires pour parvenir à ces
résultats, dont on cherche en vain à obscurcir la
brillante existence, seraient suivies d'une hausse
consolidée des fonds publics, et qu'au milieu des
besoins sans nombre qui pressent de tous côtés, on
trouverait encore le moyen de faire une dépense
extraordinaire de guerre, en pourvoyant à l'exis-

tence d'une infinité de citoyens qui ont versé une partie de leur sang pour la patrie, et à qui il en reste encore à répandre si la cause du Roi et de la nation l'exigeait ?

Certes ce que nous avons vu et ce que nous voyons, décèle, dans la France, des ressources inépuisables, mais prouve mieux encore l'excellence du Gouvernement. Les opérations ont été simples et régulières ; point d'effort extraordinaire qui épuise ; point de système qui produit, mais étrangle. Il est bien vrai de dire qu'il en est d'un Etat comme d'un particulier : un honnête homme trouve toujours des ressources et des ressources aussi pures que son cœur.

On peut, il me semble, compter au nombre des merveilles de ce règne, l'état de la police en France, de cette administration qui est presque tout ou n'est rien, et qui ordinairement est plus à mesure qu'elle paraît moins. Lorsqu'elle ne fait pas constituer sa surveillance dans l'espionnage, ni ses moyens dans des fers et des cachots ; lorsqu'elle s'élève aux considérations morales et politiques les plus sublimes ; que l'esprit public forme son étude, le royaume entier le champ de ses observations, et que toutes ses mesures ne sont que des précautions ; alors un ministère, auparavant secondaire, devenu l'appui d'une constitution qu'il respecte, se place au premier rang, embrasse toutes les parties de la machine politique. Invisible, inaperçu, on ne connaît presque son existence que par les résultats, et l'on jouit d'une tranquillité dont souvent on ne soupçonne pas la source.

C'est ainsi qu'après nos désastres, après un bouleversement de fortunes qui a duré près de trente ans, après un licenciement effrayant, nos villes sont paisibles, nos campagnes tranquilles, nos routes sûres. Je ne sais si l'on apprécie au juste ces avantages; mais je sais qu'il y a quelque temps peu de personnes osaient s'y attendre, et qu'elles ne se doutaient pas surtout qu'au mois de mars 1817, la discorde aux abois serait obligée de se réfugier dans les coulisses, et qu'il faudrait qu'*Arnault* fît *Germanicus* pour qu'il y eût du bruit.

Nos relations extérieures honorables, nos finances organisées et sans avenir effrayant, l'administration intérieure forte et réglée, la police douce et efficace, la guerre puissante encore et sans le paraître, ne constituent pas tous les avantages dont nous jouissons ou qui nous sont promis.

Il est dans la nature des choses que les manufactures, les fabriques de toute espèce, favorisées par le sol, le climat, le génie national et la puissance, excluent non-seulement l'étranger de nos marchés, mais que, sur plusieurs points de l'extérieur, il soit forcé de renoncer à un monopole et même à une concurrence que soutient seule une prépondérance éphémère.

L'Etat, sans ambitionner une prospérité d'emprunt, sans chercher au loin des terres qui ne nous manquent pas, sans mettre au monde ou nourrir des enfans qui déchirent leurs mères et que l'on appelle colonies ; sans trop rechercher l'entrepôt pour lequel nous ne sommes pas faits, ni le cabotage, qui restera toujours au nord, s'appliquera surtout à ce commerce d'exportation, la vraie mine d'or pour un pays riche en productions toutes encouragées ; en y ajoutant quelques opérations de spéculation que la surabondance des capitaux rendra nécessaires, et qui completteront la fortune publique et particulière.

Tel est l'avenir qui ne saurait plus aujourd'hui nous échapper, et qui même en partie s'est déjà réalisé. Car ne nous y trompons pas, désormais la prospérité de la France ne dépendra plus des intrigues d'antichambre, de la digestion d'un premier ministre, ni des caprices d'une courtisane. Les principes du Gouvernement ont pris un caractère de stabilité et même de perpétuité. Nous arriverons aux plus immenses résultats parce que pendant une série de siècles nous aurons la même volonté, le même but et la même force. Nous serons l'Angleterre du continent, mais avec des moyens et un but différens et des ressources décuples.

On a tort de craindre que la Constitution ne puisse se loger en France et que le Français ne puisse acquérir un esprit vraiment constitutionnel ; le temps et l'habitude le lui donneront. Déjà plus grave, il discute avec plus de sang-froid et de suite. Déjà les lumières politiques universellement répandues forment une opinion générale qui ne fait qu'un corps avec le système du Gouvernement. La postérité verra ce système, vraiment national, dédaignant le mystère et le, front levé, marcher de conséquence en conséquence, d'événement en événement, et arriver à son but malgré tous les obstacles.

Puissent tous les Français partager l'opinion que l'Europe prend déjà de sa véritable situation. Puissent-ils étendre ces réflexions incomplètes : elles achèveront l'œuvre de l'union et de la paix !

C'est le vague de nos idées et le défaut de centre qui nous a perdus. Il n'existe plus de vague ; tout est fixe. Puissance, liberté, légitimité, constitution, tranquillité, bonheur, tout aujourd'hui en France est axiôme.

Nous conserverons nos Princes, nos institutions et notre félicité, parce qu'il est impossible que nous ne les conservions pas. Pour nous les faire perdre il faudrait un bouleversement complet ; il faudrait, par une force que l'on ne peut prêter qu'à la divinité seule, détourner le cours de l'esprit public et celui des choses, poussés par un torrent d'années et même de siècles.

Que des hommes petits et pusillanimes ou de mauvaise foi, n'essayent donc plus de nous effrayer par l'existence d'une malveillance. Que peut-elle contre la volonté nationale et contre la puissance irrésistible des choses ? Mais il n'existe plus de malveillance ; la félicité publique l'a attérée et le désespoir l'achève.

Vous, membres dispersés du fantôme dont l'apparition nous a effrayés un moment, déjà vous oubliez et l'on vous oublie. Rentrés dans la foule, vous êtes redevenus des Français et cette nouvelle et dernière métamorphose ne vous a rien coûté. Vous n'avez rien perdu; vous êtes presque tous ce que vous étiez. Jugez le Gouvernement et ses intentions.

Hommes chez qui la fidélité est un besoin, qui chérissez d'un amour pur la Famille de vos Princes, qui comptez le dévouement pour le plus beau et souvent, hélas ! pour le seul héritage de vos pères, jetez les yeux autour de vous; tout citoyen vous est semblable.

Français, de tout âge et de tout rang, que l'opposition disparaisse. Qu'un seul Roi, qu'une seule Patrie, qu'un seul intérêt nous rallient. Le temps des désastres et celui des réactions sont passés. Il faut jouir et rendre grâces. Cédons enfin à de si belles destinées et soyons heureux au moins, puisque nous ne pouvons plus être malheureux.

Et toi qui n'es plus le Désiré, mais le Bien-Aimé, ô mon Roi ! couche ta tête auguste, tu le peux en sûreté; sommeille, puisque ton peuple repose enfin.

Ta tâche royale est remplie; l'œuvre de la restauration est consommée; et tu le tiens foulé sous tes pieds, ce détestable principe de l'usurpation : « Que » le retour des Bourbons était impossible, à cause » des passions et des intérêts opposés qu'il ferait re- » naître ». Tu nous as prouvé qu'il n'y a qu'un Roi pour la nation et qu'une nation pour le Roi; tu nous as tous adoptés pour tes fils, et nous t'avons tous proclamé notre Père.

Tu commandes le respect et la vénération, au sein des miracles que tu as produits, assis ta Charte à la main sur un trône cimenté par huit siècles de gloire et que soutiennent trente millions de bras, entouré d'augustes et de touchans souvenirs, d'espérances douces et brillantes.

Qu'il est vaste le passé pour ta Maison; mais que son avenir est immense et sublime !

Ils passeront ensemble aux siècles futurs tes fils et les nôtres unis, puissans et heureux. Si l'éternité était pour la terre, ils l'auraient en partage.

Héros par la vertu et la sagesse, comme d'autres le sont par la guerre et le sang, des sacrifices furent tes armes, notre félicité ta conquête, notre puissance ta gloire, et notre amour ta récompense.

O mon Roi ! si j'ose te célébrer, c'est que ma langue est pure : elle n'a jamais loué que toi.

Que l'Eternel prolonge tes jours bien au-delà des bornes ordinaires de la vie ! C'est pour la France que je prie, et puisque tu ne peux être immortel, puisqu'il est vrai qu'il faut te perdre un jour, lorsque l'instant que repoussent tous nos vœux sera là, endors-toi, assis sur ton trône, ton sceptre à la main, au bruit de nos chants de louanges et de bénédictions ! ! !

FIN.

NOTE.

Voici en preuve quelques fragmens d'un écrit qui parut en décembre 1814.

» Pourquoi vouloir trouver autour de soi les causes de l'explosion soudaine qui ouvrit le volcan de la révolution ? Pourquoi s'occuper tant des hommes, lorsque c'est peut-être dans les choses qu'il faut chercher l'origine de ce déplacement d'institutions qui renversa la monarchie française , et parut menacer un instant tous les trônes de l'Europe ? Ne sommes-nous pas dépendans des circonstances ; n'obéissons - nous pas , souvent à notre insu, à l'esprit du siècle ?

Tant que le mouvement qui nous entraîne n'est marqué par aucune résistance , nous nous imaginons que tout reste immobile autour de nous.

La révolution de 1789 n'a été que le complément de cette série de révolutions successives , dont la découverte de l'imprimerie, celle de la boussole , et l'invention de la poudre à canon, ont été les causes réelles. Nulle force humaine ne pouvait en arrêter pleinement les effets. Ces trois grands événemens devaient changer les rapports des hommes entre eux , et amener tôt ou tard la chute des institutions qui servaient de bases aux gouvernemens.

Avant ces découvertes, le clergé et la noblesse étaient réellement les deux premiers ordres de l'État ; l'un par la force des lumières, l'autre par celle des armes. Leur influence était inévitable et naturelle. Dans un temps d'ignorance, l'ecclésiastique qui savait lire et écrire était un homme extraordinaire. Le peuple le regardait avec vénération , les rois se faisaient un devoir de l'appeler à leurs conseils, en un mot, le clergé représentait la partie éclairée de la nation. D'un autre côté, les chevaliers, exercés dès l'enfance au métier des armes, tous bardés de fer ainsi que leurs chevaux, avaient une immense supériorité sur le roturier paisible et désarmé. La noblesse, comblée des faveurs du prince et brillante de gloire, était la force et l'honneur de la patrie. Enfin, les richesses de l'État étaient concentrées à perpétuité dans les mains de ces deux ordres; l'un, parce que le corps seul était propriétaire, et les individus seulement usufruitiers; l'autre, parce que l'aîné de chaque famille était seul habile à hériter de ses biens. Ces deux pouvoirs se combinaient heureusement avec la puissance royale, et il en résultait un état de choses dont les fondemens paraissaient inébranlables.

Cependant, un moine allemand, occupé de combinaisons chimiques, trouve dans l'alliance du salpêtre et du charbon, une poudre inflammable qui peut transporter au loin, avec la rapidité de l'éclair, des projectiles dont l'effet est plus terrible et plus meurtrier que celui de la foudre; alors les casques, les brassards, les gantelets, ne peuvent plus préserver; les armes défensives ne sont plus comptées que pour peu de chose; le courage qui brave la mort et la prévoit sans chercher à l'éviter, est compté pour beaucoup; il peut se trouver aux derniers comme aux premiers rangs de l'armée, et lorsqu'une troupe de braves, se serrant l'un contre l'autre, s'avance avec calme, mais avec intrépidité sous le feu de l'ennemi, quel que soit le sang qui coule dans leurs veines, tous sont animés des sentimens les plus généreux : le mépris de la mort, l'amour de la patrie et celui de la gloire. La découverte de la poudre, en rendant, en rase campagne, le roturier armé d'une carabine l'égal du chevalier, a donc enlevé l'empire de la force à la noblesse, et contraint l'orgueil des vieux crénaux à s'abaisser devant *la dernière raison des Rois.*

Ainsi, voilà l'influence militaire de la noblesse affaiblie. Tout en lui rendant la justice de dire qu'on la trouvait toujours au plus fort du danger, elle devait à la longue perdre tout à fait cette influence, car il répugnait à la raison que, là où les périls étaient communs, les honneurs seuls ne se partageassent pas; qu'il y eût une bravoure éternellement condamnée à l'oubli; que le soldat combattît, triomphât et mourût sans que l'espoir d'aucun grade élevé enflammât jamais son courage. De là, cette tendance générale des esprits à faire associer le peuple à la gloire des armes et à la défense de la patrie, et à faire consacrer le principe qu'il n'est point de grades, point d'honneurs auxquels ne puisse prétendre le sujet brave, fidèle et dévoué, servant son pays et chérissant son Roi.

Un autre Allemand, à l'aide de quelques caractères mobiles, trouvait l'art de fixer et de multiplier les pensées avec une prodigieuse facilité. Bientôt toutes les sources des sciences furent ouvertes. Il s'établit en Europe une république indépendante, où l'on ne reconnaissait d'autre supériorité que celle du génie et de la raison. Les hommes de tous les pays, quelles que fussent leurs conditions, commencèrent à se reconnaître et à se communiquer leurs idées. Ils se réunirent dans un petit nombre de vérités hardies, qui nous paraissent aujourd'hui triviales; telle est celle qui nous apprend que l'homme n'est pas né pour la servitude, et que la justice envers tous est le premier devoir des Gouvernemens.

Ainsi, le clergé vit s'échapper peu à peu, de ses mains, sa puissance, parce qu'elle n'avait été fondée que sur l'exploitation exclusive des connaissances.

Mais ce qui donna une nouvelle importance aux communes, désignées sous le nom de *tiers-état*, ce fut le commerce. La découverte de l'Amérique avait excité une vive émulation parmi les peuples; il semblait que les idées se fussent agrandies avec le monde; de nouveaux besoins aiguillonnèrent l'industrie; il se fit un mouvement général en Europe; les voyages les p'us hasardeux, les entreprises les plus téméraires n'étonnaient ni l'imagination, ni le courage des hommes qui jusqu'alors n'avaient pu se détacher de la glèbe ou d'un métier sédentaire exercé de père en fils. Ces hommes, jadis accoutumés à une obéissance passive, sentirent alors qu'ils étaient quelque chose dans l'État, et ils élevèrent plusieurs fois des doutes sur la supériorité des classes privilégiées.

Tous les élémens révolutionnaires ainsi préparés, la lutte fut bientôt engagée, aussi les quinzième et seizième siècles ont-ils été éminemment des siècles de reformes et de révolutions. L'affai-

blissement des antiques institutions et de la puissance ecclésiastique date de cette époque; et dans le commencement du dix-
septième siècle s'acheva la destruction de la constitution feodale ;
le pouvoir royal fut debairassé des entiaves qu'elle lui avait im-
posées ; mais malheureusement il se trouva sans contrepoids, et
ce vice prepara de nouvelles révolutions.

Long-temps avant celle de 1789, tout tendait en France à un
changement dans l'État; les anciennes institutions n'existaient
plus que nominalement; le clergé roturier s'isolait du clergé noble
et en enviait les prérogatives; les curés prétendaient à l'épiscopat;
les cadets de noblesse protestaient contre les droits des aînés,
et réclamaient, au nom de la nature, l'egalité des partages.
Ainsi, tout concourait à restreindre la supériorité que la qualité
de grands propriétaires avait conservé à la noblesse, et à lui
enlever la possession exclusive des emplois dans l'église, dans la
magistrature et dans l'armee; tandis que la puissance, le crédit,
les richesses et les connaissances accumulées dans le tiers-état,
l'appelaient à jouer un rôle dans le Gouvernement, et rendaient
nécessaire qu'il fût représenté.

A Versailles, de l'Imprimerie de I. Jacob, fils aîné,
avenue de Saint-Cloud, n.º 3.]